INTEGRIDAD
SEXUAL

ED COLE

"INTEGRIDAD SEXUAL"
Publicado originalmente en Inglés: "Sexual Integrity" por Watercolor Books, Cuarta Edición.
Copyright © 1992, 2002 por Edwin Louis Cole
Originalmente publicado 1993, Charisma House

2010 por Códigos de Vida Editorial
ISBN-978-9978-396-03-2
PRIMERA EDICIÓN
www.gozo-e.com

gozo-
Zoegraf

CONTENIDO

PREFACIO 9

INTRODUCCIÓN 15

1 EL MUCHACHO CONOCE A LA MUCHACHA 17

2 LA SEÑAL DEL PACTO 25

3 SEXO ANTES DEL MATRIMONIO 33

4 PORNOGRAFÍA, MASTURBACIÓN Y LUJURIA 43

5 LIBERTAD DE LOS EFECTOS DEL ABUSO 51

6 RECIBIENDO LA GLORIA DE LA VIRGINIDAD 61

7 RESISTIENDO LA PRESIÓN DEL GRUPO 69

¿CUÁL ES SU DECISIÓN? 79

REFERENCIAS 81

DEDICATORIA

A la nueva generación de hombres y mujeres jóvenes que desean devolver a este mundo lo que una generación previa desechó.

Este libro está dedicado a ellos, para la gloria de Dios.

RECONOCIMIENTOS

Por el Prefacio del jugador de básquetbol, A. C. Green, extiendo mi agradecimiento más profundo.

También quiero reconocer los esfuerzos de mi hija Joann en la preparación de este manuscrito y agradecerle por todo lo que hizo.

Y un gran reconocimiento a Keith Provance y todos nuestros amigos de Albury Publishing por producir obras de calidad año tras año.

PREFACIO

Por A. C. Green

En nuestra sociedad el sexo es un tema muy difícil de evitar. Esto lo convierte en uno de los desafíos más grandes que enfrentan los jóvenes de hoy. Desde la infancia, la percepción del niño sobre el sexo es formada por la música, videos, revistas, carteleras, películas, televisión, compañeros y currículums escolares, la mayoría de los cuales retratan al sexo como algo diferente del plan de Dios para el matrimonio. Incluso la publicidad se hace explícita, mostrando personas que se consideran hermosas y "buena onda" teniendo sexo. El costo de la perpetuación de éstas imágenes es asombroso en términos de sufrimiento humano, muerte y gasto para la sociedad. La revolución sexual de los años sesenta engendró los hogares rotos y las familias disfuncionales de los años noventa, que han dejado una generación entera en busca de drogas, pandillas y promiscuidad sexual en reemplazo de la intimidad y el amor. Muchos jóvenes de hoy se sienten rechazados y descuidados, sentimientos que continúan incubando su desesperanza y consternación.

Según investigaciones hechas por la Fundación A. C. Green para la Juventud con el Centro para el Control de las Enfermedades y otras agencias, aproximadamente cincuenta enfermedades de transmisión sexual diferentes continúan extendiéndose como incendios forestales incontrolados. Una de ellas, la sífilis, ha sido curable en un 100 por ciento durante años, pero hoy día está en su más alto índice, atacando con más furia que nunca antes. Uno de cada cuatro estadounidenses entre las edades de quince y cincuenta años contraerá una enfermedad de transmisión sexual. Dos tercios de esas enfermedades se presentarán en personas menores de veinticinco años. Las adolescentes son especialmente susceptibles de contraer esas enfermedades. Cada día más de 15,000 estudiantes de secundaria en Estados Unidos se contagian por lo menos con una de ellas. El HVP, que causa cáncer cervical y de pene, fue encontrado en el 46 por ciento de mujeres jóvenes, asistentes a la Universidad de California, Berkeley. Toda persona involucrada en una relación extramarital o premarital corre un riesgo del 50 por ciento de contraer una enfermedad, sin mencionar las probabilidades de embarazos no deseados, que alcanzan a más de un millón de casos cada año.

Los condones no son la respuesta. No hay posibilidad de que los condones detengan enfermedades de transmisión sexual que se contagian por contacto exterior, como la sífilis, el herpes y chancro, para mencionar unas pocas. El mismo virus VIH es 450 veces más pequeño que un espermatozoide, que tiene cerca de una quinta parte del tamaño de los agujeros presentes en el látex, el material del que están hechos los mejores condones. Los condones fallan hasta en un 36 por ciento evitando embarazos en las parejas que dependen principalmente de ellos, precisamente en los jóvenes.

Cuando las personas tienen sexo que da por resultado un embarazo no planificado, el dolor y el remordimiento siempre quedan allí. Una persona puede tener sexo "seguro" usando un condón y escapar de una enfermedad o un embarazo, pero *no hay condón que lo mantenga a uno "seguro" de un corazón quebrantado* o de un sueño roto. Estos son los riesgos del sexo extramarital o premarital.

¿Por qué le digo todo esto? Porque como cristiano y jugador profesional de básquetbol, mis pasiones van más allá de las canchas donde lucho por ganar campeonatos. Deseo influenciar a otros, tanto hombres como mujeres, para que alcancen su potencial al perseguir sus sueños de acuerdo a sus dones y talentos. *Toda persona que lea este libro puede convertirse en un campeón de la vida.* Todo comienza con la decisión de no conformarse con nada menos.

La solución simple para los complicados problemas que rodean el tema del sexo, y *la única manera 100 por ciento segura de evitar embarazos no deseados y enfermedades de transmisión sexual, es la abstinencia antes del matrimonio y la fidelidad después*. Eso significa no estar involucrado sexualmente hasta el momento correcto –es decir el matrimonio– para luego permanecer fiel al matrimonio de por vida.

Dios hizo al sexo para el disfrute y la procreación. Pero hay dos conceptos conectados con los propósitos de Dios para cada área de nuestras vidas: la responsabilidad y el tiempo adecuado. *El sexo irresponsable es la principal razón por la que tenemos tantos problemas con las enfermedades de transmisión sexual y embarazos no deseados*. Las personas no desean

La única manera 100 por ciento segura de evitar embarazos no deseados y enfermedades de transmisión sexual, es la abstinencia antes del matrimonio y la fidelidad después.

11

ser responsables por sus acciones. Sin embargo, a los ojos de Dios, son responsables. El sexo responsable incluye el amor y el compromiso de dos personas que planean pasar toda una vida juntos, no sólo una noche. Añadir niños a esta situación no es una decisión que se hace a la ligera, sino que es una decisión tomada por dos personas que se han preparado esperando hasta estar casados para uno de los más grandes milagros de la vida.

Las personas soportan muchas presiones de la sociedad y de los amigos para tener sexo, y pueden llegar a pensar que todo el mundo lo está haciendo, pero eso no es verdad. No todos lo están haciendo. En mi deporte, uno de los "grandes" jugadores legendarios alardea que ha tenido sexo con más de 20.000 mujeres. Yo juego básquetbol con hombres que toman el adulterio tan livianamente que hacen bromas sobre el hecho de que la peor parte de un juego fuera de la ciudad es tratar de no sonreír cuando dan un beso de despedida a sus esposas. Sin embargo, yo me estoy manteniendo sexualmente puro y muchos otros como yo también están diciendo no al sexo fuera del matrimonio. Hay demasiados riesgos, y nos perderíamos de muchas cosas en al vida. *Ser joven y saludable son dos de los regalos más preciosos de Dios. El matrimonio es otro. Pero una decisión equivocada puede robar a una persona la libertad de vivir al máximo. No vale la pena arruinar los mejores años de nuestras vidas por actuar irresponsablemente.*

Las personas que están teniendo sexo fuera del matrimonio usualmente lo están haciendo por las razones equivocadas. Si uno tiene sexo porque los demás están teniendo sexo, ¿dónde esta su individualidad? ¿Por qué ceder tan fácilmente? Si ellos aprendieron sobre el sexo a través de la televisión, los amigos o la pornografía ocasional que se cruzó en sus caminos, entonces no saben la primera cosa sobre el sexo porque Dios lo creó y cómo tiene la intensión de bendecirlo. Incluso las parejas casadas necesitan saber estas respuestas. Basadas en hechos, no en el temor, la abstinencia y la fidelidad son los puntos claves.

En las siguientes páginas. Edwin Louis Cole explicará en detalle el propósito del sexo desde la perspectiva de Dios y las razones por las que Dios hizo al sexo bueno, placentero y deseable. Él no citará más estadísticas sobre embarazos y enfermedades. *Simplemente explicará la verdad de Dios a partir de Su Palabra.*

Algunas personas leerán este libro y se enojarán. Tal vez dispararán una carta para decirnos a nosotros, las personas "religiosas" una o dos cosas. Otras lo leerán, estarán de acuerdo con él. Pero no desearán asumir un compromiso serio y terminarán sin haber cambiado en nada.

Aún otras lo rechazarán de frente y lo descartarán.

Pero muchos solteros se unirán al creciente ejército de jóvenes que han hecho una promesa de abstenerse del sexo antes del matrimonio. Muchos se unirán a clubes en sus iglesias, o recibirán anillos de sus padres que significarán su pureza hasta que intercambien los anillos el día de su boda. Muchas parejas casadas se darán cuenta de que entraron al matrimonio sin gloria de la "segunda" virginidad y renovarán sus votos matrimoniales. Algunos entenderán por primera vez qué les fue robado en su juventud y serán sanados de un autoestima baja y liberados de dudas atormentadoras y de culpabilidad. Las personas que den esta respuesta cambiarán para siempre su visión de la vida y mejorarán su capacidad de vivir al máximo de su potencialidad para convertirse en campeones.

Incluso si una persona ha estado sexualmente activa nunca es demasiado tarde para cambiar. La abstinencia ha sido la elección correcta para mí. Si yo puedo hacerlo, cualquiera puede. ¿Inmoralidad sexual? No para mí. Simplemente no vale la pena.

Usted sigue a partir de aquí, *Ed. Gracias por decirnos la verdad. Necesitamos oírla.*

INTRODUCCIÓN

Hoy en día se trata al sexo como asunto de humor y la virginidad es considerado por muchos como inútil e indeseable. Este libro se levanta contra esas actitudes y enseña porqué *el sexo es especial para Dios y la virginidad es un tesoro valioso.*

El poder de esta revelación está golpeando los corazones y mentes de hombres y mujeres jóvenes. Una generación nueva está devolviendo lo que una generación previa desechó.

Hay muchos libros sobre el sexo que tratan sobre los aspectos técnicos, biológicos, emocionales, morales, psicológicos y puramente placenteros. Pero debemos aprender cual es la perspectiva de Dios con respecto al sexo según Su Palabra. La Biblia, para entender verdaderamente lo que Dios nos ha dado al proporcionarlo. Debemos entender porqué Dios creó el sexo del modo que lo hizo si es que vamos a disfrutar su creación completamente.

Todo lo que Dios ha creado es bueno incluyendo el sexo. El hombre arruina y hecha a perder la creación de Dios por su naturaleza pecadora, egoísta.

Es importante que usted lea estos capítulos cuidadosamente porque si realmente entiende este mensaje, lo harán ascender a un nivel de vida más alto. Usted tendrá un mejor entendimiento del valor que usted tiene como persona y más fe en Dios como un Dios que lo ama.

Aunque Dios me ha llamado a un ministerio para los hombres,

Todo lo que Dios ha creado es bueno incluyendo el sexo.

15

las mujeres y los jóvenes solteros también necesitan entender estos principios. Las personas casadas, especialmente, deben entenderlos por el bien de su propia relación así como para educar a sus hijos.

En un tiempo cuando los niños están teniendo bebés y los jóvenes están teniendo sexo a edades más y más tempranas, la comprensión especial, santa, sagrada del sexo debe ser enseñada e impresa en nuestras mentes. No debemos permitir que una sociedad malvada pretenda enseñarnos.

Cuando el Antiguo Testamento de la Biblia fue escrito, los jóvenes eran responsables de rendir cuentas y eran tratados como adultos en su edad pre-adolescente. Así que no trato a los adolescentes como niños en este libro. Los trato como hombres y mujeres. *Los jóvenes son capaces de aceptar la responsabilidad de sus acciones desde una edad muy temprana. Hasta los niños reconocen la verdad cuando la escuchan.*

Aprenda las lecciones en este libro – déjelas sumergirse en su corazón y mente. Con oración, pida a Dios que las vuelva claras para que usted las recuerde siempre. Cuando termine de leer, usted deberá tener las respuestas a sus preguntas sobre el valor de su virginidad, la santidad del sexo, y la relación de pacto que es el matrimonio.

Ya sea usted hombre o mujer, soltero o casado, joven o viejo, este podría ser el más inusitado libro sobre el sexo que jamás leerá. Confío en que causará un impacto duradero en su vida.

1
EL MUCHACHO CONOCE A LA MUCHACHA

Keith tenía catorce años de edad cuando se sentó en una reunión de jóvenes, en la que alguien estaba hablando sobre el valor de la virginidad. Estaba reclinado hacia adelante mirando al orador debajo del ala de su sombrero, pero solo escuchaba a medias. Su mente tomaba fragmentos de lo que el orador decía y los disparaba en todas direcciones. Mientras su mente corría, súbitamente tuvo la sensación de un vacío en su pecho. Aparentemente de la nada, pero encendido por las palabras del orador, le vino en claro pensamiento de que *él poseía algo que sólo podría dar una vez.* ¡Una vez! Luego se habría ido. *Su virginidad era una oportunidad única en toda la vida y dependía de él saber cuándo atesorarla o cuándo entregarla.* A quien fuera que se la entregara recibiría la única cosa que él podría dar sólo una vez a una sola mujer en toda su vida. La virginidad era un asunto que sólo ocurre una vez. La responsabilidad de cuidar algo así era sentida como un peso enorme y al mismo tiempo como un privilegio tremendo.

Debido a que Keith era un muchacho gracioso y bien parecido, ya había tenido problemas con su mamá por las muchachas que siempre estaban llamando a su casa. Él sabía que fácilmente podía salir y tener sexo como la mitad de sus amigos ya lo había tenido. Pero él pensó que cuán livianamente trataban esos amigos su regalo único, y cuán displicentemente las muchachas lo aceptaban. Pensó sobre a quién le daría su valiosa virginidad y allí mismo decidió que *si sólo sucedería una vez – él quería dársela a "la mujer más hermosa en el mundo" – y la única para él.* Mientras pensamientos flotaban, se prometió a sí mismo que no tendría sexo hasta el día en que se casara con esa mujer especial.

La reunión continuó, pero la mente de Keith no estaba allí. Estaba imaginando el día de su boda de principio a fin. Se miraba a sí mismo con un esmoquin blanco, simbolizando la pureza que había guardado para su novia. Se imaginó como la vería caminar por el pasillo, como la besaría después de la ceremonia y la llevaría hacia la noche más romántica imaginable.

La reunión terminó, el éxtasis había acabado, pero ahora el sueño estaba vivo. Durante los siguientes dos años Keith se aferró a ese sueño. Cada vez que pensaba en ello, alteraba el orden de la boda o decidía un lugar diferente para su luna de miel. Pero el siempre vestía de blanco, y ella siempre estaba hermosa.

Entonces, durante su penúltimo año en la escuela secundaria, parecía que conocía a "la mujer más hermosa del mundo" dos veces por semana. Primero su nombre fue Laina, luego Tricia, luego Shana y las tentaciones eran increíbles. Pero cuando llegaba cada domingo, se sentaba en la iglesia y pensaba que *estaba una semana más cerca de sus sueños y se daba cuenta de que se volvía más fuerte cada vez que decía "no".*

Después de que comenzaron a salir juntos, encontró que Jennifer se había mantenido pura también. Se comprometieron en la primavera. Todo estaba resultando tal como siempre había soñado, hasta que comenzaron a planificar los detalles de la boda. Cuando le dijeron a la madre de Jennifer que Keith vestiría de blanco en la boda, a ella se le quemó un fusible.

"¡Los hombres no estarán de blanco!" refunfuñó. "Los hombres visten siempre un esmoquin oscuro. El blanco restará importancia al vestido de Jennifer. ¡No es apropiado!"

Ellos trataron de explicarle la razón por la que Keith vestiría de blanco, pero la mamá de Jennifer insistió en que si ella iba a pagar la boda, las fotografías tendrían que mostrar a los hombres vistiendo esmoquin oscuro y sólo la novia de blanco.

Después de todas las tentaciones que Keith había conquistado para alcanzar su meta, no podía imaginarse conformarse con nada menos que el sueño al que se había aferrado. Decidió que tendría que hablar con la mamá de Jennifer en privado. Entonces la futura suegra se dio cuenta de la clase de hombre con quién su hija se iba a casar. Aunque él sólo tenía diecinueve años, la fortaleza que Keith había desarrollado a través de los años surgió dentro de sí. La autodisciplina que había ejercitado por tanto tiempo hizo que sus palabras fueran amables pero firmes. No sabía cómo terminaría la conversación, pero sabía que tenía que hablar. Keith comenzó por agradecerle por planificar una boda tan perfecta. Luego le explicó tan tranquilamente como pudo que no renunciaría a su sueño. Le dijo que entendía lo que ella quería y que no se oponía a que los padrinos de la boda vistieran esmoquin oscuro pero él vestiría de blanco.

El papá de Keith me envió una fotografía de la boda con una carta contando la historia precedente. La foto es del cortejo nupcial rodeando a Jennifer, que vestía un hermoso vestido blanco. Los padrinos alineados en una fila vestían esmoquin azul marino. Y parado junto a Jennifer estaba Keith en su esmoquin completamente blanco de los zapatos a la corbata. A cada lado del grupo estaban de pie, orgullosos, los radiantes padres.

Las decisiones se traducen en energía. La decisión que tomó Keith en un momento sagrado se convirtió en energía que lo llevó hacia su sueño. *Una vez que tomó la decisión, tuvo que continuar tomando su decisión diariamente*, pero su fuerza interior se incrementó con cada obstáculo que superaba. Estaba determinado, y con la gracia de Dios su determinación se mantuvo firme. La historia de Keith proporciona uno de los significados de la integridad sexual.

Recibo cientos de cartas de personas que han hecho que sus vidas sean infelices por haber tenido sexo antes del matrimonio o aventuras durante su matrimonio. Pero hoy, parece que la marea está cambiando. Muchos hombres y mujeres están tomando la decisión correcta – como Keith y Jennifer – de mantenerse sexualmente puros hasta el día de su boda y después permanecer leales a sus cónyuges. *La "revolución sexual" promiscua de los años sesenta está dando paso a una nueva revolución sexual conducida por una generación joven que defiende la pureza moral.* Ellos están trayendo la moral del pasado a una nueva era de alta tecnología.

> **Las decisiones se traducen en energía.**

Todo individuo ha sido creado para ser único, parecido, pero no igual a ninguna otra persona en la historia. Como resultado, cada persona responderá a los acontecimientos y a la información de manera diferente. Pero todos compartimos rasgos humanos comunes. *Todos tenemos emociones, pensamientos y el poder de nuestra propia voluntad.*

Más allá de ellos, también compartimos los rasgos de nuestro sexo – ya sea masculino o femenino. *Nuevas investigaciones sobre el cerebro confirman lo que la mayoría de las personas saben por sentido común: hombres y mujeres son diferentes. No sólo nuestros cuerpos son diferentes sino que nuestros cerebros también lo son.*

Keith experimentó los sueños y tentaciones que son especialmente comunes a los hombres, porque los hombres son fuertemente motivados por la vista. *Los hombres quieren tan fuertemente tener a una mujer hermosa que la tentación a veces es abrumadora.*

Las mujeres, por su parte, tienen más en sus mentes. Como resultado, generalmente hablan más que los hombres y usualmente son más motivadas por las palabras que por la vista.

A un hombre no le toma mucho tiempo aprender como iniciar contacto con una mujer. Generalmente, "quiero tu cuerpo", pero dice "te amo". Esas son las dos palabras más poderosas en el lenguaje humano. Esas tres palabras pueden derribar gobiernos, lanzar barcos a la mar y hacer que personas muy respetables den volteretas sobre las manos en el parque.

Las mujeres pueden ser engañadas por un hombre que habla dulcemente incluso cuando sus acciones no están a la altura de sus palabras. De la misma manera, los hombres pueden ser engañados por una mujer hermosa, incluso cuando saben que ella les está mintiendo. Estas son trampas muy comunes en las que la gente cae, *las tentaciones deben ser descubiertas para que no caigamos en ellas.*

Hombres y mujeres fueron creados para cumplir propósitos y papeles diferentes en la vida, especialmente en una relación de matrimonio. Las diferencias hacen que los dos se complementen entre ellos, lo cual trae equilibrio y bendición a la familia.

En el inicio de la historia humana Dios creó al hombre a su imagen y para su gloria. La Biblia dice que Adán estaba solo. *Estar solo puede ser una bendición, pero estar solitario nunca lo es.* La solicitud de Adán degeneró en soledad, fue una maldición en vez de una bendición.

Viviendo en el jardín de Edén, Adán disfrutaba la amistad de Dios, pero no era igual a Dios porque Dios no tiene iguales. Adán se encontró sin nadie cómo él para amar. En su sabiduría, Dios hizo que Adán cayese en un sueño profundo, retiró de él una costilla y formó un complemento perfecto. Adán la llamó Eva, *Dios no creó a Eva del polvo de la tierra porque él ya había puesto sus características e "imagen" en Adán.* Si Dios hubiera hecho una nueva creación de cualquier otra cosa diferente de la que ya estaba en Adán, habría creado un ser inferior. Por el contrario, tomó una parte de Adán y creó un ser viviente que era similar e igual a Adán.

La costilla que Dios utilizó para hacer a la mujer fue un símbolo de ciertas cualidades que él tomó de Adán para ponerlas dentro de Eva. Las cualidades que Dios puso en la mujer son aquellas cosas que ahora consideramos la naturaleza femenina de la mujer. Dios tiene en su naturaleza todas las características que vemos en hombres y mujeres. Dios es perfectamente equilibrado, siendo un observador y un oyente, un amamantador y un

> **Estar solo puede ser una bendición, pero estar solitario nunca lo es.**

proveedor, lo masculino y lo femenino.

Cuando un hombre y una mujer se casan, Dios dice que en su boda los dos se convierten en uno. Están unidos como "una sola carne". Esto representa la reunión de las características piadosas que primero fueron puestas en Adán y luego repartidas entre el hombre y la mujer.

La mujer fue creada para el hombre. Desde entonces en hombre ha venido de la mujer en procreación. El equilibrio y la perfección de Dios son evidentes.

Con una creación tan perfecta, ¿dónde es que la gente se equivoca tanto? ¿Qué pasó con las características de "una sola carne" del matrimonio? ¿Por qué las personas no permanecen casadas en vez de divorciarse? Y, con todas las tentaciones que las personas enfrentan, ¿cómo personas como Keith y Jennifer en este mundo se mantiene fieles a sus decisiones? *Podemos responder a éstas y otras preguntas enderezando la información distorsionada que las personas reciben.*

2
LA SEÑAL DEL PACTO

La educación sexual es un "asunto caliente" estos días porque es un tema candente entre las personas que tienen pasiones encendidas. Un lado está apasionadamente preocupado sobre los asuntos morales y los ejemplos que se toman para enseñar sobre el sexo y el otro está apasionadamente involucrado en él. *¿Quién enseña a los hombres y mujeres jóvenes?*

En una reciente encuesta de un periódico hecha a 1.000 adolescentes, divididos casi por igual entre hombres y mujeres, se encontró que el 38 por ciento aprendió sobre el sexo "por su cuenta", el 23 por ciento de sus amigos, el 20 por ciento en el hogar y el 12 por ciento en la escuela.

Sólo un muchacho de cada siete aprende sobre el sexo en su casa, y no hay los suficientes que aprendan sobre éste en la iglesia como para que aparezcan en los datos de la encuesta. Sólo el 2 por ciento de los entrevistados dijo que el sexo debía enseñarse en la escuela.

La iglesia raramente se identifica como el lugar donde se puede aprender la verdad sobre el sexo. Gracias a Dios esto está cambiando ahora. La Escritura dice: "los labios del sacerdote han de guardar la sabiduría, y de su boca el pueblo buscará la Ley; porque mensajero es de Jehová de los ejércitos".[1] ¡La iglesia es el lugar para aprender!

Estos mismos entrevistados pensaban que una muchacha no podía quedar embarazada la primera vez que tuviera sexo, que los condones arruinan el placer sexual, que la copulación oral no es sexo y que la masturbación es buena. El cincuenta por ciento admitió que ya había tenido relaciones sexuales cuando aún estaban en la escuela secundaria.

La encuesta estimó también que un promedio de 9.230 comentarios sugestivos o escenas conteniendo relaciones sexuales se exhiben en la televisión norteamericana cada año.

Los ejecutivos de la televisión han declarado que la televisión no influencia a las personas, pero cobran hasta la suma de $900,000 por un aviso publicitario de treinta segundos debido a la influencia que tiene. Un estudio mostró que *los jóvenes expuestos a grandes dosis de programación con actividad sexual inmoral eran afectados en sus valores básicos. Su tolerancia al crimen se elevó y su simpatía por las víctimas descendió.*

Según la Biblia, *el sexo es más que un acto placentero de experiencia erótica. El sexo es la señal del pacto de sangre del matrimonio. Un pacto es un acuerdo obligatorio y un pacto de sangre es un acuerdo sellado por el derramamiento de sangre.* Debido a esto, a través de la historia humana, desde los reinos hasta las pandillas callejeras, *el pacto de sangre se considera el más sagrado.*

Un pacto de sangre es el pacto más alto que puede hacerse entre dos personas. Dios hizo su pacto de salvación a través de la sangre de Jesús derramada en la cruz del Calvario.

El sexo es la señal del pacto de sangre del matrimonio.

El sexo es una señal santa de un pacto de sangre, divinamente ordenado. En otras palabras, cuando un hombre y una mujer toman un compromiso mutuo delante de Dios y declaran su deseo de convertirse en "una sola carne", entonces Dios provee un pacto de sangre verdadero para sellar su compromiso. Ese pacto de sangre se establece cuando el matrimonio de consuma, es decir, la primera vez que ellos comparten juntos la relación sexual.

Dios es un Dios de pactos. Cuando Dios dijo a Abraham que lo haría padre de muchas naciones, al principio Abraham se rió porque ya tenía noventa y nueve años de edad y su esposa Sara había pasado la edad en la que podía tener hijos. Pero la Biblia dice que "Abraham creyó a Dios"[2] y que él y Dios entraron en una relación de pacto. Abraham decidió creer a Dios y Dios le prometió cumplir lo que había dicho.

Como una señal física del acuerdo que habían hecho, Dios cambió el nombre de Abrám a Abraham, que significa "padre de muchas naciones"[3] y entonces le ordenó que él y todos los varones de su casa se circuncidaran como una señal de su pacto.

La circuncisión, el cortar y desechar el prepucio del hombre, fue un símbolo de lo que ocurre cuando Dios limpia el corazón de un hombre. (Por el Espíritu de Dios, él corta nuestro pecado cuando pedimos perdón). El prepucio representaba la impureza y el desechar el prepucio representaba la limpieza de la impureza en la vida de un hombre. *Lo físico representaban lo que sucedía en el espíritu.*

La circuncisión era un asunto en primer lugar del corazón y en segundo lugar de la carne. *Si la limpieza de corazón no venía primero, entonces el acto físico no tendría sentido.* La circuncisión, debido a que se corta la carne, provoca que se derrame sangre. La Biblia dice, que "sin derramamiento de sangre no se hace remisión de pecados"4.

Al siguiente año, Abraham vio cumplirse la promesa de Dios y Sara tuvo un bebé, al que llamaron Isaac. Eventualmente Abraham tuvo tantos descendientes que formaron una nación conocida como Israel y Abraham llegó a ser como Dios había dicho, "padre de muchas naciones".

Esto puede poner nerviosos a algunos, pero no se preocupen - ¡ya no tenemos que cortarnos! La versión del Nuevo Testamento del pacto de circuncisión es el bautismo. El Bautismo, como el pacto de circuncisión y el matrimonio, implica un acto interno de fe la cual le sigue una expresión externa de esa fe.

Cuando Jesús vino y derramó su sangre sobre la cruz para hacer un nuevo pacto con la humanidad, abrió el camino para que el hombre fuera "circuncidado" en su corazón por medio de la creencia en Él. El corazón del hombre ahora puede ser limpiado de la impureza a través de Jesucristo.

El bautismo es un acto de identificación con Jesucristo, su vida, muerte, sepultura, resurrección y ascensión. Revela abiertamente ante el mundo lo que ha sucedido espiritual e internamente.

En la versión de la Biblia al Día en Colosenses 2:11 y 2 Pablo dice, "Cuando aceptaron a Cristo, Él los libertó de los malos deseos, no por medio de esa operación quirúrgica llamada circuncisión, sino por medio de una operación espiritual: el bautismo del alma. En el bautismo, su vieja y perversa naturaleza murió con Cristo y fue sepultado con Él; pero en su resurrección resucitaron ustedes con Él a una nueva vida, mediante la fe en la Palabra del poderoso Dios que lo resucitó".

El bautismo en agua es el testimonio del creyente de que se ha arrepentido de su vida pecaminosa, ha sido crucificado con Jesús (ha muerto al pecado), ha sido enterrado con Él (la antigua naturaleza está muerta) y ha sido levantado con Él para vivir eternamente. El simbolismo del bautismo es significativo sólo si el corazón y el alma primero han experimentado la salvación. De otra manera es irrelevante.

¿Qué tiene que ver todo esto con el sexo? La circunsición y el bautismo en agua son señales externas de una obra interna en una relación. La circuncisión era, y el bautismo en agua es, una evidencia externa de una obra interna. De la misma manera, *el sexo entre un hombre y una mujer es la evidencia externa del pacto en el cual ya han entrado el uno con el otro en sus corazones*.

La tabla siguiente muestra esto un poco más claramente. Observe que los resultados de cada pacto traen gloria a Dios. *Fuimos creados para glorificar a Dios.*

ACTO SAGRADO	OBRA INTERNA	OBRA EXTERNA
Abraham	Corazón circuncidado a través de la fe en Dios.	Carne circuncidad
	Resultado: Justicia por haber entrado en un pacto de sangre, trayendo gloria a Dios.	
Jesús	Aceptación de la redención a través de la sangre derramada.	Bautismo en agua
	Resultado: Justicia por haber entrado en un pacto de sangre, trayendo gloria a Dios.	
Matrimonio	Compromiso, unidad, amor.	Sexo
	Resultado: Justicia por haber entrado en un pacto de sangre, trayendo gloria a Dios	

El matrimonio establece una relación de pacto, sellada por la unión sexual. Es por eso que Dios quiere que tanto el hombre como la mujer sean vírgenes cuando se casan. El pacto de matrimonio, como los otros pactos que Dios ha establecido, comienza en el corazón.

El amor entre un hombre y una mujer pide compromiso. *Vivir juntos es participación, pero casarse es compromiso. ¡Existe una diferencia!*

El amor y el compromiso que un hombre y una mujer tienen el uno para el otro emprenden el proceso de "convertirse en uno". Esto significa que los dos se vuelven uno en espíritu a través del matrimonio. En el día de su boda recitan los votos, confiesan su amor y se prometen fidelidad ante Dios y una reunión de testigos. *El voto es la confesión de su fe.*

Cuando un hombre y una mujer se casan siendo vírgenes y tienen su primera experiencia sexual íntima, el himen de ella se rompe. Eso ocasiona el derramamiento de sangre que cubre el miembro masculino durante su relación. Para Dios, *esta es la evidencia física de que la pareja a entrado en una relación de pacto a través del derramamiento de sangre. Es la evidencia externa de una obra interna.*

El pacto de sangre al que entran un esposo y una esposa es simbólico del pacto que Dios estableció con su pueblo a través del derramamiento de la sangre de Jesús. **El matrimonio es sagrado. Es un pacto de sangre.**

Tener sexo dentro de los parámetros de un matrimonio

> **Vivir juntos es participación, pero casarse es compromiso. ¡Existe una diferencia!**

bueno, piadoso y *mantener ese sexo puro es lo que significa tener* **integridad sexual**.

A través de la virginidad un hombre y una mujer pueden experimentar la santidad especial de una relación de pacto. *La virginidad debe ser una gloria para uno mismo,* para el cónyuge y especialmente para Dios. *La virginidad es el regalo más grande, más único amoroso y santo que una persona puede dar en una relación humana. Las personas la reciben gratuitamente al nacer, pero cuidarla y guardarla cuesta.*

¡No deje que alguna relación barata, momentánea, en el asiento trasero de un automóvil, en un motel barato, o sobre una arenosa toalla de playa, o en los susurros apagados de la sala, le robe el momento más grandioso de su vida!

Por el contrario, haga lo que la Biblia dice y "presente su cuerpo en sacrificio vivo, santo, agradable a Dios, que es su culto racional"[5] Una vez que ha presentado su cuerpo a Dios como sacrificio vivo, manténgalo en esa "gloria" para que pueda presentárselo a su esposa o esposo de la misma manera en su noche de bodas. *Si usted está pensando: ¡es demasiado tarde para mí! siga leyendo.*

La virginidad debe ser una gloria para uno mismo, para el cónyuge y especialmente para Dios.

3
SEXO ANTES DEL MATRIMONIO

Por años, hombres y mujeres jóvenes han estado representando una escena como ésta:

El muchacho conoce a la muchacha. El muchacho sale con la muchacha y le dice, "Te amo". El tiempo pasa y eventualmente él dice, "Te amo tanto que no puedo vivir sin ti. Tengamos sexo". Ella acepta. Tienen sexo. Ella queda embarazada. Ella lo busca con su embarazo y dice, "Estoy embarazada. Casémonos". Pero él dice. "No conmigo, nena" y se va.

La verdad es que él nunca la amó. Simplemente la "codició". Todo lo que él quería era beneficiarse a costa de ella y en esto consiste la lujuria. *La lujuria es una falsificación del amor que Dios creó.*

El amor desea beneficiar a otros a expensas de uno mismo. La lujuria desea beneficiarse uno mismo a expensa de otros. Si él verdaderamente la hubiera amado de la manera en que Dios ama, habría tenido más consideración por ella que por sí mismo.

Este es un paso importante para considerar la visión de Dios sobre el sexo, porque *Dios hizo el sexo para amar y dar, no para codiciar y obtener.* Sí, Dios creó el sexo. No fue creado por el diablo, Satanás no es un creador. El es un falsificador. Dios hizo al sexo bueno. El hombre, bajo la influencia de Satanás, lo vuelve malo.

Dios crea lo positivo, construye sobre lo positivo y

> **El amor desea beneficiar a otros a expensas de uno mismo.**

siempre termina en lo positivo. Los caminos del amor son positivos. La lujuria es negativa.

La consecuencia de caminar por la senda del mundo, la senda de la lujuria, es la ruptura de la confianza, quizá un embarazo no deseado y el contagio de alguna enfermedad. El beneficio de seguir la senda de Dios, *la senda del amor, es que habría bendición, paz y gozo para la vida, y honor para Dios.*

Demasiado a menudo, cuando un embarazo es el resultado de la lujuria, el aborto parece la respuesta. Algunos piensan, "si sólo nos deshacemos del bebé, nos desharemos del problema". ¡Falso! *El aborto no resolverá el problema.* El aborto simplemente es una expiación por el pecado, un sacrificio de sangre para el dios de la conveniencia.

El aborto causa daño físico así como daño emocional y daño psicológico que podría no sanar nunca. Si sana, podría llevar años, el aborto puede ser doloroso más doloroso de lo que sería tener al niño. Busque consejo de su pastor y de otras personas antes de tomar una decisión.

Antes que nada es mejor obedecer la Palabra de Dios. Cuando se tentado: "Huya de la fornicación",[1] que significa sexo fuera del matrimonio.

Dios dio una ley para Israel en el Antiguo Testamento. Si un hombre tomaba la virginidad de una mujer, tendría que cuidarla de por vida. Si una mujer daba su virginidad fuera del matrimonio, debía morir.

¿Deja esto alguna duda de que

> **Dios crea lo positivo, construye sobre lo positivo y siempre termina en lo positivo. Los caminos del amor son positivos.**

Dios espera que el hombre y la mujer sean vírgenes al momento de su matrimonio? Debido a la poca sangre que se derrama cuando el himen se rompe, es posible probar la virginidad de una mujer. Si alguien probaba que una mujer había perdido su virginidad antes del matrimonio, su esposo podía hacer anular el matrimonio. Ella no sería su responsabilidad. Si la mujer no había sido violada o no había perdido su virginidad por un asalto sexual forzado, se asumía que había consentido voluntariamente en una relación sexual antes del matrimonio contra el mandamiento de Dios.

En caso de que hubiera una disputa, Dios dio instrucciones explícitas sobre como dirimir el asunto. La evidencia de la pureza de la mujer debía ser hallada en sus "señales de virginidad" que quería decir sangre en las sábanas. Los padres de la novia tenían que dar a los recién casados un juego de sábanas para la primera noche de casados de la pareja y su acto inicial de relación sexual. Después de su primera noche juntos, si el hombre acusaba a su nueva esposa de no ser virgen, los padres de la novia debían llevar las sábanas utilizadas esa noche y extenderlas delante de los ancianos de la ciudad como evidencia concerniente a la virginidad de su hija.

Si se encontraban las señales de virginidad, era evidencia de que el hombre había mentido en un intento de deshacer el matrimonio y defraudar a su nueva esposa y sus padres. Su acusación, si era falsa, era considerada una calumnia contra una virgen de Israel y ocasionaba un castigo severo. Primero, el hombre era reprendido y azotado públicamente. Segundo, debía pagar a los padres de la novia una multa por haber levantado una acusación falsa contra su hija.

Tercero, debía mantener el matrimonio sin tener alguna oportunidad posterior de divorciarse.[3]

Esto significa que él no podía echarla y hacer que ella se mantuviera así misma, esperando encontrar a alguien para que se casara con ella como mujer divorciada. La sentencia del hombre era la responsabilidad de proveer sustento y cuidado para una mujer que obviamente no amaba.

Si su acusación era verdadera – si la mujer no era virgen, aunque fingiera serlo – el esposo recibía la anulación que deseaba. Su castigo por defraudar a sus padres y a su esposo era ser llevada delante de la gente de la ciudad y ser apedreada hasta morir. Ella había hecho "vileza en Israel fornicando en casa de su padre".[4] El castigo por perder su virginidad era la muerte.

¿Por qué el castigo era tan severo? El castigo era lo suficientemente severo como para que "el temor de Jehová"[5] viniera sobre Israel de modo que se deshicieran del mal, incluyendo la inmoralidad sexual.

Dios conocía los resultados trágicos del pecado y quería salvar al pueblo del daño y del dolor que seguían como resultado. Pero, siempre existen aquellos que en verdad no creen que Dios los ama y que está obrando a favor de ellos, no en su contra.

Solo piense que pasaría en nuestro país hoy si esta misma ley estuviera en efecto. Tendríamos una crisis financiera, ¡por una sola cosa! Nuestras cortes y los consultorios de los doctores estarían llenos de personas disputando sobre las "señales de virginidad". *Probablemente tendríamos muchas menos enfermedades de transmisión sexual y aborto.* De seguro, más personas pensarían dos veces antes de perder su virginidad.

Antes de continuar, permítame señalar algo a los hombres jóvenes. **Los hombres son responsables de lo que dicen acerca de las mujeres.** Los hombres reciben un castigo de Dios por mentir sobre una mujer, aunque ya no sea un azotamiento público. *Un hombre que, después de una cita, alardea sobre su "conquista", cuando en realidad no hubo ninguna, calumnia a una mujer y la hacer perder su reputación,* los hombres que proceden de este modo están sujetos al juicio de Dios.

Le advierto sobre hacer cualquier declaración falsa con respecto a la virtud de una mujer. De hecho, si usted es culpable de haberlo hecho, pídale a Dios que lo perdone por su pecado de calumnia. Usted ha levantado una acusación falsa contra una doncella de Dios, y ni quedará sin castigo.

Cuando mencioné esto a un grupo de universitarios, su líder me dijo que eso respondía a su pregunta de por qué parecía haber una nube negra sobre el campus universitario, especialmente en algunas "casas de fraternidad" de hombres. Los hombres no pueden violar los mandamientos de Dios y suponer que no habrá juicio.

Los primeros cristianos entendieron que debían caminar en el temor del Señor y el consuelo del Espíritu Santo. El "temor del Señor" significa tener respeto por Él y tener un deseo de no hacer el mal ante Él. Desgraciadamente, en muchos grupos juveniles de las iglesias de hoy, los jóvenes van regularmente a la iglesia pero en sus vidas privadas no tienen el temor del Señor o la autodisciplina para refrenar sus deseos de hacer el mal.

Si una persona joven camina sólo en el consuelo del Espíritu Santo y no teme al Señor, entonces no ve ninguna razón para no hacer el mal. Sin esa restricción la lascivia, que significa "vivir sin restricciones", se convierte en la norma. En Melbourne, Australia mientras abandonaba el lugar donde habíamos tenido una reunión para hombres, un joven me detuvo para desafiar mi enseñanza.

"¿Quiere usted decirme que se supone que debo vivir sin sexo siendo soltero?" preguntó audazmente con la intensión obvia de desafiarme.

"¿Cree usted en al Biblia?", pregunté calmado.

"Sí", dijo.

"La Biblia dice que la fornicación es un pecado, y que no se debe consentir en tener sexo fuera del matrimonio", dije.

Él contrarrestó diciéndome, "eso era para los siglos atrás cuando los estándares de comportamiento eran diferentes".

"¿No cree usted en la salvación personal?" le pregunté.

"Sí, pero la manera de vivirla ha cambiado", fue su excusa.

"Señor", repliqué, "La Biblia y sus estándares no han cambiado jamás. Obviamente usted quiere creer sólo las partes de la Escritura que le convienen, pero no está interesado en vivir verdaderamente para Dios". Se sorprendió de que yo no retrocediera y se fue caminando con la cabeza agachada. Personas como esa son a las que Jesús reprendió cuando dijo que pretendían justificar todas sus inconsistencias.[6] Pretenciosamente buscan excusas para creer una cosa un día y otra el siguiente.

Dios no nos dio la Biblia, para que pudiéramos tomar partes de ella y justificar nuestro estilo de vida. Eso es lo que hacen las sectas. Dios pide que tomemos nuestras vidas y las hagamos conforme a su Palabra. Nos sometemos a la imagen y la voluntad de Dios; no hacemos a Dios conforme a nuestra imagen de acuerdo a nuestra voluntad. La Palabra de Dios es la única fuente de nuestra fe y la norma absoluta de nuestra conducta. Podemos creer a Dios y aprovechar al máximo nuestra salvación o tratar de creer sólo lo suficiente como para ser salvos del infierno y terminar viviendo en miseria.

Dios no tiene estandartes dobles, el hombre si los tiene. **Dios espera que tanto hombres como mujeres sean vírgenes cuando se casan.** Yo creo que la tasa de divorcios en Norteamérica está relacionada en proporción directa con la tasa de personas que piden su virginidad antes del matrimonio.

Me senté en mi oficina un día con una pareja casada que estaba en constante pelea. Sin importar de cuánto hablaban para resolver las cosas y de cuantas horas de consejería habían recibido, su matrimonio permanecía en un caos absoluto.

Finalmente, en una sesión de consejería que resultó ser la última les pregunté a ambos, "¿Tuvieron sexo antes de casarse?" Con renuencia admitieron que si. Entonces la esposa comenzó a sollozar y a verter lágrimas. Su esposo y yo nos sentamos absolutamente sorprendidos por cuanta emoción se había reprimido en ella por este incidente que había ocurrido años atrás.

Mientras ella lloraba me dirigí a su esposo y le pregunte, "¿Alguna vez le pidió ella que le perdonara por haber hecho que perdiera su virginidad antes de que estuvieran casados?"

Dijo que no.

"Esta sería una buena ocasión para hacerlo", dije.

La pareja no tuvo que volver a buscarme nunca más.

El proceso de sanidad se inició y la paz comenzó a reinar en sus vidas y en su hogar. Si esta pareja sólo hubiera vivido por la Palabra de Dios antes de casarse, pudieron haber evitado años de dolor y conflicto matrimonial. Pero cuando se dieron cuenta de que habían violado no sólo el plan de Dios para ellos sino que también se habían violado entre ellos, fueron capaces de asumir lo que habían hecho y comenzaron a unirse como "una sola carne".

Recientemente un joven me contó un problema que estaba teniendo con su novia pero su descripción no me convenció. "Me parece que no me está diciendo todo. ¿Tuvo usted sexo con esa joven?", le pregunté. Insistió que no.

A medida que continuaba dándome detalles muy gráficos, me puse cortante con él porque estaba dándome los síntomas de un problema entre ellos que yo generalmente reconocía como asociados al sexo. Finalmente, lo acorralé y le dije. "Quiero hacerle una pregunta, y quiero que me mire cuando responda. ¿Tuvo sexo con ella?"

"Ella todavía es virgen", respondió.

"Eso no me dice nada" dije. "¿Tuvo usted sexo con ella?"

"Sí, tuvimos sexo oral, pero todavía es virgen".

¡Allí se detuvo, demasiado avergonzado como parea decirme la verdad, sabiendo en su corazón que estaba mal, pero tratando de insistir en palabra y en hecho que eso no era sexo!

Recuerde, el sexo fue hecho para amar y para dar, no para codiciar y obtener. Este joven estaba codiciando a su novia, no amándola. Estaba pensando solamente en su placer personal a expensas de ella, no era de extrañar que tuviera un problema. Ella probablemente se sentía como un objeto que él usaba y que no tenía valor como persona.

Los hombres deben amar a sus esposas como Dios los ama a ambos, de la manera en que Jesús ama a la iglesia. La persona que sale en citas puede prepararse para el matrimonio poniendo en primer lugar a la otra persona. Si usted no puede tener una cita sin tener lujuria, ¡salga en grupo!

La manera en que usted vive como individuo tiene un efecto en este mundo. Por su relación con Dios, *usted influencia directamente a lo que sucede a su alrededor.* Todo hombre que renuncia al pecado crece en fortaleza y en autoridad, y causa un impacto en el mundo que lo rodea. *El mundo separa y toma nota del hombre que camina en el temor de Dios.*

Depende de aquellosque están en la iglesia que una medida del temor de Dios sea traída a su nación. *En el grado en que la nación pierde su temor de Dios, perderá su influencia en el mundo. Pero la nación que teme al Señor causará un impacto en el mundo.*

El mundo separa y toma nota del hombre que camina en el temor de Dios.

4
PORNOGRAFÍA, MASTURBACIÓN Y LUJURIA

Usted puede haber tomado una decisión de no cometer fornicación a adulterio, pero puede seguir librando una batalla continua con la lujuria, porque dondequiera que mira observa sexo y *continuamente es tentado a solazarse en pensamientos impuros. Puede estar pensando que están surgiendo de su interior, pero, en realidad, usted puede estar siendo influenciado por el espíritu de otros.*

Digamos, por ejemplo, que usted se siente puro en su espíritu cuando ora en la mañana, pero se siente espiritualmente perturbado o agotado después de llegar a la escuela o al trabajo. Usted podría necesitar hacer una seria observación a su ambiente, porque algo en él podría estar afectando su estado espiritual. *El problema podría ser tan simple como un cartel ante el cual usted pasa todos los días o su selección de la emisora de radio que escucha mientras se está alistando.* Aunque ese cartel o el animador de la radio pudieran no ser tan evidentes como para atraer su atención consciente, subliminalmente pueden ser lo suficientemente sugestivos o provocativos como para afectar su espíritu sin que siquiera usted se dé cuenta. La comunicación del espíritu de ese animador de radio o cartel, y los hombres y mujeres tras ellos, pueden crear un problema serio para usted. Podría no venir de su propio espíritu, sino del de ellos. Sin embargo, usted necesita darse cuenta de que es afectado por ellos y entonces hacer algo al respecto.

Debido a que los espíritus seductores son tan reales, pida a Dios que le ayude a tener conciencia de las influencias espirituales que lo rodean es su vida y rutina diaria.

Aunque ni siquiera estemos conscientes de algunas influencias espirituales que nos están afectando, hay otras influencias espirituales de las que estamos muy conscientes. Una de ellas es la pornografía.

La pornografía, ya sea en una revista, en la televisión o en la pantalla de una computadora, está diseñada específicamente para que usted encuentre solaz en pensamientos lujuriosos. *Cuanto más encuentre solaz en esos pensamientos, menos control tendrá sobre ellos.* Antes de saberlo, ellos ya habrán creado un lugar para ellos en su mente.

La pornografía no sólo anima a las personas a crear una imagen en sus mentes, sino que las incita a fantasear con ella. Usualmente esas fantasías implican un acto erótico que sólo puede satisfacerse con otras personas o por la masturbación.

Una vez que se crea una fantasía en la mente, esa imagen se vuelve verdaderamente un ídolo. El hábito de la masturbación se convierte en el acto de adorar ese ídolo. Eventualmente crea una fortaleza en la mente y se convierte en una trampa.

Sea soltera o casada, el crear un hábito de masturbación puede afectar a una persona de una manera dañina. Sin importar lo que diga cualquier psicólogo o como cualquier autor popular intente justificar o minimizar la culpa, hay una consecuencia – quizá no física, como algunas historias de señoras mayores contaban, pero por lo menos psicológica. *Todo pecado promete complacer y servir pero sólo desea esclavizar y dominar.* La masturbación promete agradar su lujuria y servir sus deseos sin consecuencias, pero sólo desea esclavizarlo y eventualmente dominarlo.

Algunas personas piensan que soy anticuado por predicar esto, pero *todo el tiempo encuentro hombres que han perdido todo sentido de equilibrio debido a la masturbación habitual.* Un hombre me preguntó "¿Cuántas veces al día consideraría usted como habitual?"

¡Esa es una razón suficiente para enseñar esto!

Cuando las personas me hablan de alguien cuyo comportamiento es inconsistente y está radicalmente alterado, una de las primeras preguntas que hago es, "¿Es una mujer o es la pornografía?" En la mayoría de los casos el cambio en el comportamiento se relaciona con una cosa u otra. Debido a que la pornografía contamina, ensucia e infecta tanto la mente como el espíritu, el resultado es la confusión. Trae una inconsistencia en la vida, una niebla mental, la debilidad espiritual y la destrucción de la amistad con Dios.

> **Todo pecado promete complacer y servir pero sólo desea esclavizar y dominar.**

Jim deseaba ser alguien a quien los demás admiraran y esperaba llegar a ser un evangelista algún día. Pero él me recordaba lo que mi amigo Jack Mackey dijo una vez: *"Las ilusiones de grandiosidad no son visiones de grandeza".* Los hechos y las fantasías no son compatibles.

El se contemplaba a sí mismo como un joven popular con un fuerte deseo de lograr cosas para Dios, pero los demás lo veían como un joven inconsistente que cambiaba de día en día. Era un problema constante para el ministerio y el ministro porque no se dejaba enseñar.

Oh, él escuchaba la Palabra, pero no hacía la Palabra. Era un engañador, no un creyente. Jim no podía vencer su propia lujuria. Experiencias periódicas con películas, revistas y programas pornográficos por cable le causaban una estupidez mental que daba por resultado su inconsistencia. El pecado siempre cambia el comportamiento. Siempre ha sido así desde el jardín del Edén donde comenzó con Adán.

Lo que Jim y *muchos de los otros hombres y mujeres jóvenes que participan de la pornografía están buscando es intimidad. Pero la pornografía no produce intimidad. En vez de intimidad, produce distancia.* Los pornógrafos a menudo terminan impotentes, incapaces de tener sexo. La pornografía, como el pecado, promete complacer y servir pero sólo desea esclavizar y dominar. Una mujer joven y su esposo experimentaron de primera mano el precio devastador de la pornografía.

Al final de la reunión de oración de mediodía que yo había dirigido para los empleados de un gran ministerio de la Costa Este de los Estados Unidos, una mujer joven me llevó a un lado para tener un momento de oración en privado.

"Tengo un problema", me dijo, un poco tímida.

"¿Cuál es su problema?", le pregunté.

Su rostro se puso rígido y las lágrimas salieron de sus ojos. "Realmente no lo sé", se estremeció, mordiéndose el labio, "pero mi esposo dice que tengo un problema".

Intenté nuevamente "¿Qué problema es según su esposo?"

"El dice que no lo comprendo", dijo finalmente, agonizando al pronunciar cada palabra.

"¿Qué es lo que no comprende?" Pregunté.

Súbitamente, la joven comenzó a llorar, amargamente, desde lo profundo de su ser.

"Mi esposo tiene revistas al lado de la cama", musitó suavemente entre sollozos, "Playboy, Penthouse, y esas otras. Dice que necesita mirarlas antes de poder tener sexo conmigo. Dice que las necesita para estimularse."

Apenas pudo terminar la frase mientras las lágrimas rodaban por su rostro.

"Le dije que en verdad él no necesita esas revistas pero dice que no lo comprendo. Dice que si yo la amara realmente, yo entendería por qué tiene que tener esas revistas y lo dejaría conseguir más de ellas".

"¿A qué es lo que se dedica su esposo?" Inquirí.

"Es ministro de jóvenes".

Me detuve allí, desconcertado, al darme cuenta de lo que ella me estaba diciendo. ¡Su esposo era un ministro de jóvenes que mantenía una pila de literatura pornográfica al lado de su cama!

"Su esposo puede ser un ministro de jóvenes", le respondí tranquilamente, "pero también es un pornógrafo".

La mujer sacudió la cabeza y se puso atenta. Fue como si yo le hubiera dado una fuerte bofetada en la cara. Ella nunca había esperado que su esposo pudiera ser calificado de pornógrafo. Sin embargo, su estilo de vida lo convertía precisamente es eso.

La pornografía que su esposo miraba para tener intimidad sólo ponía distancia e impotencia en su matrimonio. *Lo que muchas personas no comprenden es que la pornografía en realidad es una falsificación de la oración. La pornografía promete producir lo que sólo la oración puede crear – intimidad.*

Nos hacemos íntimos con Aquel a quien oramos, con aquellos por quienes oramos y con aquel con quien oramos. La más grande intimidad que un hombre y una mujer podrían conocer jamás en su relación vendrá de los tiempos en que oran justos. Nada producirá la intimidad y las relaciones interpersonales que la oración produce.

En la creación, Dios creó toda la tierra en lo positivo. El hombre, por el pecado, la recreó en lo negativo. Dios crea, pero Satanás falsifica. En lo tocante al amor, hay libertad. Pero la lujuria produce una carga pesada. El amor satisface, pero la lujuria es insaciable.

El poder de Dios es liberado en su vida en la medida en que usted es obediente a él, y no más. Si usted desobedece a Dios al seguir constantemente su propia lujuria, usted no tendrá su poder.

Todas las promesas de Dios son condicionales. *Su amor no es condicional, pero sus promesas lo son. Para recibir sus promesas, debemos cumplir sus condiciones.* Para vivir en el lado izquierdo en la siguiente tabla, en el reino de Dios, debemos rechazar lo que está en el lado derecho de la tabla, en el reino de Satanás.

REINO DE DIOS POSITIVO	REINO DE SATANÁS NEGATIVO
Jesús es el Señor	El yo (ego) es el señor
Amor	Odio-emocionalmente Lujuria-moralmente
Sexo	Perversión Fornicación Adulterio
Oración	Pornografía
Intimidad	Distancia Impotencia
Bendición	Culpabilidad

"Al que sabe hacer lo bueno, y no lo hace, le es pecado". *Cuando usted haga su parte, Dios hará la suya.* Él le da a usted su Espíritu Santo para mantenerlo puro en pensamientos, palabra y hechos. En vez de permitir

El amor satisface, pero la lujuria es insaciable.

que los pensamientos de lujuria dominen su mente, *programe su mente consciente con los versículos de la Biblia y no deje que la perversión del mundo lo afecte.*

Renueve su mente diariamente. Lea la Palabra de Dios y luego aplíquela a su vida. *Usted nunca será demasiado joven – o demasiado viejo – para comenzar.*

5
LIBERTAD DE LOS EFECTOS DEL ABUSO

Estaba en la habitación de mi hotel cuando sonó el teléfono. Era la abuela de la niña de ocho años con la que había orado en la iglesia la noche anterior.

Durante el transcurso de la reunión esa noche, yo había orado por las mujeres que habían sido abusadas. Una de cada cuatro mujeres ha sido abusada o asaltando sexualmente por algún hombre durante su niñez, y esa tasa está aumentando. *Los hombres, mujeres, niños y niñas que han sido abusados y maltratados necesitan la sanidad de sus heridas emocionales.*

Para la mayoría de estas personas, la consejería ni siquiera es una opción viable. La mayoría de estas víctimas simplemente ocultan su experiencia en lo profundo de sus mentes, esperando no volver a recordarlas nunca más.

Por aquello se convierte en una piedra de tropiezo para sus relaciones y destruye su capacidad de experimentar amor genuino.

Esa noche, durante la oración por las víctimas femeninas, la abuela se puso de pie con su nieta y las demás damas. Hice lo que normalmente hago en esos momentos y me paré delante de esas mujeres en lugar del hombre, u hombres, que las habían herido, abusado, violado o maltratado. Les pedí que me perdonaran en lugar de ellos. Siempre es un momento emotivo.

Después de pedirles que me perdonen, es algo

común que yo ore con ellas dirigiéndolas en una oración de liberación. Esta oración es simple pero poderosa mientras el Espíritu de Dios obra en los corazones, mentes y espíritus de aquellos que la repiten.

La abuela me dijo por teléfono lo que había pasado después de la reunión cuando se llevó a su nieta a casa. La preciosa niña de ocho años había sido violada cuando tenía seis. Esto la dejó tan herida que no podía soportar quedarse con niñeras así que su abuela la cuidaba mientras su madre trabajaba.

"Llevé a mi nieta a casa anoche y la puse en su cama", me dijo la abuela. "Después de arroparla, antes de que yo orara por ella, le pregunté que había hecho Jesús por ella esa noche".

"Me miró y dijo, abuela, Jesús me hizo sentir como me sentía antes de que sucediera".

Dios puede hacer más con un toque de su Espíritu de lo que el mundo entero puede hacer en todo el tiempo de nuestras vidas puestas juntas. A algunas personas, les toma más tiempo obtener su libertad debido a la muralla de amargura, culpabilidad, resentimiento e incluso odio que se ha ido acumulando con los años. Para otros, los años solo añaden impulso una vez que deciden perdonar y todo sale como en un río mientras el Espíritu de Dios suelta lo que se había retenido por tanto tiempo.

Esta pequeña niña es sólo una de miles de personas que han sufrido las consecuencias del pecado de un hombre. Considere esta carta.

"Estimado Dr. Cole:

"Odio a los hombres. Mi primer y verdadero padre fue un alcohólico. El abusó físicamente de mi madre, hermana y de mí.

Mi padrastro me ha abusado sexualmente a mí y a mi hermana desde que teníamos once años, hasta este día, no quiero estar en la misma habitación con él – todavía sucede".

"No, mi madre no lo sabe. Tengo miedo de decírselo porque no me creería. Mi hermana incluso me dijo que si yo le avisaba a mamá, ella lo negaría".

"Mi papá dice ser cristiano. Me dan ganas de vomitar cuando me siento en el espacio para el coro en la iglesia y tengo que mirarlo sentado allá en la iglesia cantando. Me enferma. ¡Lo odio! Trate de perdonarlo, y cuando fui a decirle que lo había perdonado se rió de mí y actúo como si él no hubiera hecho nada malo".

"El es miembro de la iglesia. He hablado con el pastor sobre esto; dice que no siente que deba hablar sobre esto con él en este momento. ¿Por qué? ¿A nadie le importa ya mi vida – mis sentimientos?".

A Jesús sí.

Casos así son la mera razón por la que el Señor ha llamado hombres como yo a ministrar personas para que puedan ser libres de lo que otros les han hecho. Esto es lo que yo llamo *"el principio de la liberación"*.

El principio de la liberación es uno de los más poderosos que Jesús nos enseñó. Viene de Juan 20:22 y 23 donde Jesús está hablando con sus discípulos. La versión de la Biblia Amplificada en inglés en este pasaje es la más clara:

"Y habiendo dicho esto, sopló sobre ellos y les dijo

¡Reciban (admitan) el Espíritu Santo!"

"(Ahora habiendo el Espíritu Santo, y siendo guiados y dirigidos por él); si ustedes perdonan los pecados de algunos, son perdonados; si ustedes retienen los pecados de algunos, son retenidos".

En otras palabras, si usted perdona a alguien sus pecados, estos pecados son perdonados (liberados), y si usted no perdona estos pecados no son perdonados. *Usted mantiene lo que no libera.*

Observe, sin embargo, que Jesús dijo: "Reciban el Espíritu Santo" antes de que diera el principio de la liberación. *Para perdonar como Dios perdona, debe actuarse en el poder de su Espíritu. No podemos hacerlo como un ejercicio de la fe humana.* Jesús sabía lo que necesitábamos y Él oró al Padre que enviara su propio Espíritu a nuestros corazones para que tuviéramos su poder, gracia y verdad para vivir nuestras vidas para él.

En una reciente reunión en la que enseñé esto, una mujer vino a mí con un rostro radiante. "Tuve tiempos difíciles tratando de entender por qué nunca me sentí demasiado bien como para ser una esposa o madre – hasta que escuché sobre el principio de la liberación. Mi virginidad me fue arrebatada cuando tenía cinco años de edad, y recién me di cuenta que esa era la razón por la que nunca pude sentirme digna. Siempre sentí que era menos que una verdadera mujer. *Esta noche perdoné al hombre que lo hizo y por primera vez en mi vida me considero una verdadera mujer".*

Usted mantiene lo que no libera.

Las experiencias sexuales negativas como estas no se desvaneces a menos que se las enfrente, se hunden en lo profundo de una persona y causan todo tipo de problemas. Cualquier pastor, psicólogo o trabajador social que ha prestado cualquier cantidad de consejería personal me dirá eso.

A veces las personas van por la vida con el recuerdo de ese asunto doloroso, y resuelto, profundamente incrustado en su espíritu. Es por eso que nunca experimentan completamente el gozo del Señor en su vida sexual. **Confrontar estos recuerdos es otro significado que tiene la integridad sexual.**

Otra mujer, de la que me enteré por un pastor, tenía sólo dieciséis años cuando fue violado por una pandilla de seis hombres en una vagoneta. Ellos estaban listos para matarla cuando vieron que un auto de la policía pasaba por allá. La echaron del vehículo y escaparon.

Ahora, años después, ella era una bella esposa y madre de tres niños. En su interior, sin embargo, todavía sentía el dolor causado por aquellos atacantes impíos y perversos. Todavía combatía los sentimientos de vergüenza, odio, culpabilidad e impureza que vinieron cuando su virginidad le fue robada tan violentamente.

Después de escuchar el principio y de hacer la oración de liberación, llamó a su pastor para darle la maravillosa noticia de que finalmente había sanado de esa pesadilla. El Espíritu Santo renovó su mente, espíritu y cuerpo. *Le dijo a su pastor que por primera vez en su vida deseaba sexualmente a su esposo. Ella era libre – libre para amar.*

No son solamente las mujeres las que sufren, sino que los hombres también sufren. En san Antonio después de orar con las mujeres abusadas, un hombre habló en alta voz ante la audiencia entera, "¿Y que pasa con nosotros los hombres?" Causó un impacto en todos, y honestamente contesté. "Lo siento. Nunca se me ocurrió incluir a los hombres. Si usted necesita ayuda, permítame orar con usted ahora".

El era un maestro de escuela. Había sido vejado cuando era niño por su propio padre y hermano. Debido a ello, luchaba con un espíritu de homosexualidad. El deseaba una vida heterosexual normal, pero pensaba que aquello nunca podría llegar a ser realidad en su vida. *Cuando perdonó y repitió la oración de liberación, se sintió como una nueva persona.*

Pero el no fue el único ese día. Un universitario había sido abusado por un hombre amigo de su padre y, como resultado, había desarrollado tendencias y deseos homosexuales. Fue liberado. Otro universitario había tenido una madre que se burlaba de él cuando estaba creciendo. Cuando fue adulto, comenzó a hacer presas sexuales de las mujeres intentando o bien "desquitarse" o bien ganar aceptación. El también hizo la oración de liberación.

En otra ocasión, ministré a unos hombres que se encontraban en un centro de rehabilitación de Desafío Juvenil en el sur de California. Muchos de ellos venían de las calles. Algunos eran ex-drogadictos, algunos habían salido recientemente de la prisión y muchos tenían registros de arrestos.

Después de que repetimos la oración de liberación, un joven de la primera fila se paró para decirle al grupo que acababa de perdonar a su padre por abandonar a su familia. Pero la más difícil para él había sido perdonar a su hermano, quién lo había golpeado, abusado a sus hermanas e insultado a su madre. Dijo que el odio por su hermano era tan intenso que podía usarlo como una herramienta. Cuando él lo dejaba manifestarse, producía tal furia dentro de él que podía matar a un hombre. No sé si fue por eso que él había estado cumpliendo su sentencia en la cárcel, pero mientras la liberación de ese odio hervía y salía de él, se paró allí frente a todos llorando, con la cabeza inclinada para no ser nunca más la misma persona.

Pasé delante, puse mis brazos alrededor de él y con su cabeza apoyada en mi hombro dije, "Quiero que sienta los brazos de un padre y sepa cómo es tener el amor de un padre" Para él fue como un nudo de amargura que se desataba en su interior ese día, dándole la libertad de ser un verdadero hombre.

Todas aquellas personas a las que se ha arrebatado por la fuerza su virginidad, que han sido violadas, abusadas, forzadas a relaciones incestuosas o de que alguna manera han sido heridas por alguien – todas sufren debido a los pecados de otra persona. Mire, no son sólo nuestros pecados los que nos molestan, sino que a través de la falta de perdón atamos verdaderamente los pecados de otros a nuestras vidas, de modo que también nos molestan. Cuanto más tiempo nos aferramos a sus pecados por la falta de perdón, mayor daño sufriremos en nuestras vidas.

Es de esta manera que los pecados son traspasados de generación en generación. **Los hijos e hijas que no perdonan los pecados de sus padres y madres los retienen y cometen los mismos errores con sus hijos.** Una y otra vez en reuniones en las que he enseñado este principio, muchas personas han entendido finalmente por qué hacen lo que hacen. Literalmente cientos de hombres y mujeres se han levantado y han admitido abiertamente que están cometiendo con sus hijos los mismos errores que sus padres cometieron con ellos.

Pero lo maravilloso es que Jesús ha provisto una salida para liberarnos de errores, yerros y pecados en nuestras vidas. Al recibir el poder del Espíritu Santo y perdonar como Dios perdona, los pecados de ellos son desatados de nuestras vidas y **podemos vivir libres de los errores del pasado.**

Aunque muchas veces usted no tiene control sobre lo que le hicieron o no le hicieron, usted si tiene control hoy día sobre cómo elige responder. La liberación comienza con una decisión suya de perdonar a la persona que lo ha herido o dañado. Imagine a esa persona y entonces por fe perdónela.

Puede ser que usted no tenga el deseo de perdonar, pero hágalo por fe, dando un paso de obediencia al seguir las instrucciones de Jesús. Dios nos dice, "¿Puedes perdonar?" sino. "¡Perdonarás!" *¡A medida que vaya perdonando, encontrará una nueva libertad dentro de usted!*

Después de haber liberado a esas personas y sus pecados necesita rechazar las imágenes y actitudes que venían con ellas. *El hombre se comunica a través de la palabra, el gesto y el espíritu.* Cuando usted acepta las palabras y las acciones de alguien, usted también acepta el espíritu en el cual fueron producidas. Cuando usted acepta palabras enojadas contra usted, acepta el espíritu de enojo detrás de esas palabras. Cuando acepta acciones lujuriosas contra usted, también acepta el espíritu de lujuria detrás de esas acciones.

¡A medida que vaya perdonando, encontrará una nueva libertad dentro de usted!

Usted necesita rechazar todo lo que vino con los pecados que perdonó.

Luego, pida a Dios una llenura fresca de su Espíritu Santo. Recuerde que Jesús dijo que recibiera el Espíritu Santo y liberara esos pecados de su vida. Pídale que examine su corazón y le revele si existe alguna otra persona de cuyos pecados usted necesita ser liberado.

Haga esta oración. Sinceramente. Reciba su liberación del Señor. Él lo dijo. Él lo hará. ¡Sea libre!

"Padre, en el Nombre de Jesús, confieso que tú me creaste para ser un hombre/una mujer de Dios. Me creaste para un propósito y pusiste dentro de mí todo lo que necesitaría para alcanzar. Te doy gracias por aquella persona de la cual tú me creaste. Confieso que todo lo que quiero es ser esa persona que tú deseas que sea".

"Ahora, por fe, recibo una unción fresca del Espíritu Santo. Y por la autoridad de tu Palabra en mi vida y el poder de tu espíritu, yo perdono a _____ quien ha hecho mi vida tan infeliz. Yo lo/la perdono Señor, con todo mi corazón."

"Y ahora hablo a esos poderes de las tinieblas y digo a esos espíritus demoníacos: Salgan ahora de mi vida. Los rechazo a ustedes y todas sus mentiras. Rechazo la imagen de mí mismo que ustedes trataron de crear. Soy creación de Dios a través de Jesucristo y ustedes no tiene parte en mi vida."

"Ahora, Padre, recibo la justicia y la dignidad de Jesucristo en mi vida. Soy transformado de gloria en gloria y recibo más de ella ahora mismo. Gracias por ella."

Ahora alabe a Dios para sellar esta obra que él ha hecho en usted.

6
RECIBIENDO LA GLORIA DE LA VIRGINIDAD

Desgraciadamente vivimos en una sociedad en la que un joven quiere deshacerse de su virginidad a la más temprana edad posible para mostrar que es un "hombre". Piensa que mantenerla lo convierte en un "alfeñique" Una mujer joven quiere deshacerse de su virginidad para ganar aceptación. Piensa que si la guarda, será considerada una "mojigata".

¡Ser virgen no te conviente en un "raro" o un "extraño"! Ser virgen te hace la persona que Dios quiso que fueras para que pudieras tener una relación santa de pacto con la persona que él te dará. Este es un plan divino creado por el amor que Dios tiene por la humanidad, *para que el hombre y la mujer se hagan verdaderamente "uno".* Es algo por lo cual regocijarse, no algo por lo cual quejarse o sentirse inferior. **¡La virginidad es una gloria!**

Una joven vino corriendo hacia mí después de un servicio una noche y dijo: "Hermano Cole, este es el día más grande de mi vida."

"¿Por qué?", pregunté.

Ella respondió: " Porque soy virgen y se lo dije a alguien en mi oficina, quién a su vez se lo dijo a todos. Ahora todos se burlan de mí. Incluso mi propia madre se burla y me pregunta cuando voy a crecer, queriendo decir que cuando voy

> **¡Ser virgen no te conviente en un "raro" o un "extraño"!**

a perder mi virginidad. Había comenzado a sentirme tan culpable, tan inferior tan avergonzada, porque todavía soy virgen Ha sido difícil para mí, pero esta noche he sido liberada de todo eso. Esta noche he aceptado mi virginidad como una gloria y le agradezco a Dios por ello. Algún día, podré dársela al hombre con quien me case."

En otra reunión, un hombre de dieciséis años caminó hacia mí, me estrechó la mano y dijo: "Gracias".

"¿Por qué gracias?", pregunté.

Me miró directamente a los ojos y dijo: "Porque yo no tengo que hacerlo".

Toda la presión de "probar su hombría" se había disipado.

A diferencia de ellos, muchas personas han entregado su virginidad. Hay muchas otras cosas aparte del amor y del deseo físico que conducen a una persona a deshacerse de su virginidad.

Una mujer joven me dijo que finalmente se había dado cuenta de por qué había sido sexualmente promiscua por muchos años. Me dijo que su padre siempre había mirado con preferencia a las animadoras de los campeonatos de fútbol en la televisión y a otras mujeres de apariencia sensual, pero no le daba atención a ella.

Para obtener la atención y el afecto que deseaba, ella aprendió a vestirse sensualmente y después aprendió a tener sexo con sus enamorados. Ella estaba buscando el amor y la aceptación de su padre, pero como no podía hallarlos, fue de pretendiente en pretendiente.

Otra mujer joven en Dallas, Texas, vino a mí después de asistir a una de nuestras reuniones, su historia es trágica, pero se repite innumerables veces en las vidas de las jovencitas de hoy.

"Dr. Cole", dijo, "anoche en su reunión perdoné a mi padre. No tuve que perdonarlo por haberme abusado o por haberme hecho alguna cosa. Tuve que perdonarlo por lo que no me hizo."

"Toda mi vida mientras iba creciendo, no me mostró ninguna señal de afecto. Debido a esa carencia y debido a que yo quería sentir tan desesperadamente el afecto de un hombre, busqué recibir atención de cualquier manera y me volví promiscua. Esto casi arruinó mi vida. Sólo Jesús podía haberme salvado de un destino peor que la muerte. Pero quería decirle esto para que cuando realice sus seminarios pueda decirle a los padres cuán importante es que muestren su amor."

Esta joven mujer había sufrido "privación emocional" mientras crecía en un hogar cristiano normal de clase media. *Eventualmente tuvo que perdonar a su padre por lo que él no había hecho, pero también tuvo que perdonarse a sí misma por lo que ella había hecho como resultado.*

No sólo hay muchas mujeres heridas por el abandono emocional, sino que *muchos hombres son incapaces de amar a ser amados normalmente debido a la falta de afecto y atención en su periodo de infancia.*

En Toronto, cuando mencioné este hecho en una reunión, me sorprendió el número de hombres que parecían estar dentro de esta categoría. Había aproximadamente un millar de hombres asistiendo y cuando llamé a aquellos que querían que yo les hiciera experimentar por primera vez un "abrazo de padre", una avalancha de más de trescientos hombres llenó los pasillos.

Después, en Tulsa, un joven profesor de inglés de una de las principales universidades se levantó y me dijo en voz alta (delante de una audiencia entera de hombres) que él había llegado a esa reunión para expresar su deseo de recibir un "abrazo de padre".

Aunque haya recibido muchas heridas a lo largo de su vida, Dios puede sanar esas heridas y ayudarle a proteger el regalo precioso que Él le dio cuando nació – su virginidad.

Tal vez usted, por cualquier razón, no ha mantenido su virginidad. Tal vez usted no fue apreciado o no recibió la atención que necesitaba en un momento crítico de su vida. Tal vez usted fue objeto de violación por alguien, de cualquier manera, y su virginidad le fue arrebatada. Tal vez debido al lugar que la lujuria tenía en su mente, usted no resistió las tentaciones para tener sexo fuera del matrimonio..

Tal vez usted es una persona casada y ahora se da cuenta de que perdió la gloria de su virginidad de la manera equivocada y quisiera que el espíritu y la gloria de ella fueran restaurados en su vida para poder tener relación de pacto con su esposo o esposa. O tal vez usted es una persona divorciada o que enfrenta la viudez y quiere volver a casarse de la manera correcta.

Sepa esto: *Dios se preocupa por usted y Él puede traer sanidad y restauración a su vida sin importar la situación en la que se encuentra hoy.*

Puede estar diciéndose a sí mismo ahora, "¡Dios mío, si sólo pudiera recuperar mi virginidad!" Aunque su virginidad física pueda no ser recuperada nunca, *el espíritu y la gloria de su virginidad le pueden ser restaurados.*

Dios está llamándolo a una vida de excelencia e integridad. ¿Está usted dispuesto a identificarse con él, para ser alguien que sabe lo que es correcto y que no tiene miedo de admitirlo, alguien que responderá al desafío de vivir una vida de excelencia?

El espíritu y la gloria de su virginidad le pueden ser restaurados.

Recuerdo una reunión que llevé acabo en el Pabellón Hofheinz en la Universidad de Houston. Allí se reunieron casi ocho mil hombres, tanto jóvenes como viejos. El llamado final de ese día fue un desafío dirigido a los jóvenes.

Mirando a los ojos de miles de jóvenes, pregunté de frente, "¿No hay algún joven en edad escolar o universitaria que tenga las agallas o el valor de hacer algo más que hundirse en el fango moral de mediocridad en el que tantos se han perdido?"

"¿No hay ningún joven que tenga las agallas y un amor por Dios en su corazón, y suficiente deseo de servir a Dios para presentar su cuerpo a Dios, un sacrificio vivo que es su culto racional?"[1]

"¿No hay nadie que desee que la gloria de Dios esté presente en su vida a través de su virginidad y en su decisión por la excelencia moral?"

"¿ No hay algún hombre en alguna parte que desee tomar una postura a favor de Dios, admitiendo que desea ser un 'hombre de Dios' y presto a pagar el precio de desarrollar un carácter piadoso?"

"Si hay alguno..."

Antes de que pudiera terminar mi frase, cientos de jóvenes saltaron de sus sillas y comenzaron a correr hacia el frente, algunos saltando al piso de la cancha de básquetbol, para correr al centro del campo, al lugar donde permanecieron de pie, cuatrocientos hombres fuertes, declarando su fidelidad a Cristo.

Mientras corrían, los demás hombres se pusieron de

pie y los aplaudieron, algunos de ellos llorando al ver que esos jóvenes no sentían vergüenza de ser llamados "hombres de Dios". Fue un momento explosivo.

Un joven en la intensidad del momento arrojó su bolsa de cocaína sobre la plataforma. Otros arrojaron cosas de sus bolsillos, significando su rechazo a la impureza en sus vidas.

Gracias a Dios hay hombres jóvenes que tienen el deseo ardiente de ser sobresalientes, hombres que tienen ese deseo ardiente de pagar el precio de la verdadera hombría que es la semejanza a Cristo – solteros que se dan cuenta de que necesitan crecer y madurar como hombres ahora y no esperar hasta estar casados.

Puede que usted no tenga un pasillo por el cual correr a una plataforma ante la cual pararse, pero ahora mismo, joven o viejo, hombres o mujer, niño o niña, si usted desea el espíritu y la gloria de la virginidad en su vida, puede pedir a Dios que se los dé.

Tenga integridad delante de Dios y haga esta oración con todo su corazón – pero no ore a menos que quiera ser serio con Dios.

"Padre, en el Nombre de Jesús, vengo a ti ahora porque me has hecho un hombre/una mujer. Quiero ser un hombre/una mujer de Dios en toda área de mi vida – mi mente, mi corazón, mi espíritu, mi cuerpo. Por favor perdóname por cada palabra, acción o pensamiento que ha sido pecaminoso en mi vida. Gracias por perdonarme."

"Gracias, Señor, porque he nacido en el Reino de Dios. He nacido de tu Espíritu. Soy partícipe de tu naturaleza divina a través de mi Salvador Jesucristo. Satanás no tiene ningún derecho sobre mí. Y por la autoridad de tu palabra y la capacidad de tu Espíritu, yo reprendo los poderes de las tinieblas. Me dirijo a ese espíritu de lujuria y le digo, espíritu de lujuria, sal de mi vida en el nombre de Jesús.

Estoy recibiendo de la gloria de la virginidad y rechazo tu lujuria. Y ahora mismo tomo control de mi vida y de mi pensamiento. Rechazo los pensamientos lujuriosos y sensuales y me comprometo a pensar en las cosas que son puras y buenas."

"Ahora, Señor, por fe recibo la gloria de la virginidad en mi espíritu. Presento a ti mi cuerpo santo, aceptable, que es mi culto racional. No sólo lo presento a ti, Señor, sino que por el poder de tu Palabra y tu Espíritu, mantengo mi cuerpo en la gloria de la virginidad para presentarlo a la mujer/hombre con quien me case como el regalo único que me diste."

"Quiero que mi vida sexual sea pura, santa, justa y buena como tu quieres que sea. No quiero el pecado. No quiero la injusticia. Quiero la gloria, Señor, en mi vida, en mi matrimonio e incluso si nunca me caso. Te alabo por la gloria de la virginidad ahora. Gracias, Señor."

Ahora alabe a Dios por ello y con su acción de gracias selle la obra que Dios ha hecho en su vida. El alivio y la paz de Dios que usted siente ahora le pertenecen. Dios está trabajando en su vida. Tome un momento y simplemente permanezca callado en su presencia. Sepa que Él es Dios y que Él lo ama tal como usted es. Desde este día en adelante, usted puede saber que Él lo ha perdonado.

Usted querrá tener algún tiempo diario para pasarlo en oración y en la Palabra de Dios para que su mente sea purificada y renovada. *La manera en que un hombre piensa determina quién es*[2]*, y del corazón brota la vida.*[3]

La manera en que un hombre piensa determina quién es, y del corazón brota la vida.

Aunque tener un tiempo devocional con el Señor es importante, no ponga metas irreales para su vida de oración, como marugar a las 04:30 para orar cuando apenas puede despertar a las 06:30 ahora. Aparte tiempo para Dios en un momento que usted sabe que puede dárselo a Él.

A medida que pase tiempo con Él día a día, su mente será purificada y renovada, y usted comenzará a notar que está ocurriendo un cambio en su vida. *Usted se volverá más libre en la expresión de su verdadero yo y sus deseos y pensamientos comenzarán a cambiar.*

A medida que comience a pensar de manera positiva, sus decisiones cambiarán y usted notará una diferencia en su estilo de vida. Algunos cambios llegarán de inmediato, mientras que otros vendrán sólo tras un período de tiempo. Sea paciente consigo mismo, y sepa que Dios está obrando dentro de usted en tanto usted continúa rindiéndose para que él pueda continuar obrando su propósito en su vida.

7
RESISTIENDO LA PRESIÓN DE GRUPO

Usted acaba de recibir el espíritu de la virginidad, que es parte de la limpieza de la justicia. Su sexualidad ha sido trasladada al Reino de Dios y Él le está dando un nuevo comienzo en esta área de su vida.

Debe estar consciente, sin embargo, de que hay otras áreas en su vida que todavía no han sido renovadas y que las tentaciones continuarán viniendo. **Usted necesitará permanecer firme en el compromiso que ha hecho y Dios estará con usted.**

La soledad, el temor, el fatalismo, la desesperanza y el cinismo corren precipitadamente en las escuelas secundarias y en las universidades en la actualidad. Puede que se haya sentido así antes. *Pero la soledad, y el estar solo son dos cosas completamente diferente.*

Estar solo a veces es necesario, saludable, deseable y apreciable. La soledad nunca lo es. Esa es la razón para que existan tantos clubes de solteros, centros de amistad, y servicios para conseguir citas. *Los amigos son el antídoto para la soledad.*

Parece que siempre se requiere de una iniciación para hallar aceptación. Las personas son iniciadas en clubes, fraternidades, el fumar y el sexo. La iniciación puede ser dolorosa, humillante, emocionante, excitante o deprimente, dependiendo del rechazo o la aceptación.

Los amigos son el antídoto para la soledad.

El ministerio del Señor Jesucristo para el corazón humano es sanar completamente el trauma de la soledad y cualquier forma de rechazo. Cuando usted es ministrado por el Señor con su sanidad y su aceptación, su poder y su gracia para su vida, recibe la capacidad de enfrentar al mundo y su realidad. *Le da a usted una seguridad que el mundo no puede igualar ni entender.*

Jesús da una paz, una estabilidad interna, que es un misterio para el mundo pero un consuelo para el creyente. Usted puede confiar que el Espíritu de Dios en usted le dará esa paz de la naturaleza de Cristo en su vida cuando la necesite. Pero usted debe rendirse al espíritu en cada área de su vida para experimentar paz. **El aferrarse a cualquier pecado creará confusión que le impedirá experimentar paz.**

Cuando usted se deje intimidar para hacer lo que su mente y corazón saben que está mal, usted debilita su resolución de hacer lo bueno y perjudica su capacidad pata tomar decisiones.

Cualquier cosa ante la que se someta su vida se vuelve más fuerte, mientras que aquello que usted resiste se vuelve más débil. Para saber qué resistir y qué aceptar, usted debe saber qué es lo correcto.

José sabía que la fornicación y el adulterio no eran "correctos", así que cuando la esposa de Potifar trató de seducirlo, él huyó. Un hombre necio hubiera dicho, "puedo quedarme aquí y no ceder". *Algunas veces escapar es la mejor respuesta al mal.*

Algunas veces escapar es la mejor respuesta al mal.

Eventualmente, una persona que acepta la tentación del mal comienza a fluctuar entre lo bueno y lo malo porque no toma una decisión. Un hombre así profesa odiar el pecado pero todavía tiene un resabio apego por él. Como resultado, seguirá siendo tentado a ceder ante el mal.

Al pasar cierto período de tiempo, su capacidad de distinguir entre el bien y el mal se volverá más y más débil. *La codicia de su carne comenzará a dominarlo y terminará diciendo sí en vez de no.*

Muchos son los hombres y mujeres jóvenes que dijeron sí a los amigos cuando fueron invitados a "perder el tiempo" en vez de hacer lo que sabían que era correcto. *El haber dicho no a un amigo les habría dado el poder de decir si a su talento e inteligencia después.*

Se necesita valor para resistir la presión del grupo proveniente de sus amigos – y firmeza para no seguir la corriente cuando ella se mueve en la dirección equivocada.

Cuando nuestro Señor Jesucristo enfrentó la tentación, la venció citando la Palabra de Dios contrta el diablo. No sólo dijo no, sino que pudo dar la razón para su respuesta. El diablo se apartó y dejó solo a Jesús. Luego la Biblia dice que Jesús "volvió en el poder del Espíritu."[2]

Su sumisión al Padre, su resistencia al diablo y su negativa a pecar fortaleció su espíritu y añadió estatura a su hombría. Además, Él había memorizado vastas porciones de la Escritura que dieron peso a sus palabras. El principio se aplica a toda la vida: **El éxito está basado en la capacidad de decir no.**

Rob es un hombre joven que he conocido por varios años. Cuando él hace un compromiso con el Señor, viene para verme. Cuando su compromiso desaparece, se aleja.

Cuando estaba en la escuela secundaria Rob tenía

una relación cercana con el Señor y mostraba una capacidad tremenda de liderazgo. Pero después de ser rechazado por su madre por su fe cristiana y de ser rechazado por una novia cristiana debido a que no supo controlar sus pasiones juveniles, creyó que tenía que demostrar a las mujeres quién era él y se hizo una persona de doble ánimo.

Dice que ama al Señor en su corazón, pero se revuelca en promiscuidad. Comportamiento inmoral y adicciones. Es improductivo en su trabajo, no puede encontrar una novia estable y constantemente cambia de un extremo a otro. Es "inconstante en todos sus caminos." [3]

Para peor de los males, da excusas para sus fracasos por lo que sucedió con su madre y su novia en la escuela secundaria. *Rob nunca será una persona de éxito hasta que decida a quién va a servir – a Dios o a sí mismo.*

Debido a un intenso deseo de pertenecer y de ser aceptado entre sus compañeros, cedió ante la "presión de grupo" o el "temor del hombre." Y su raíz es el temor al rechazo y a la necesidad primaria de recibir la aprobación de otros, especialmente los amigos.

La verdad es que, cuando menos tememos al hombre, más respeto ganamos. Observe a los hombres y mujeres exitosos de este mundo. Sin excepción, ellos vencieron su temor al hombre. Cuando lo hicieron, se hicieron audaces en sus confesiones y audaces en su identificación con su creencia, producto o actividad. En síntesis, se hicieron vencedores.

Las personas que vencen el temor al hombre son vencedores espirituales. Billy Graham es sólo el ejemplo de un hombre que ha vencido. ¿En qué piensa usted cuando escucha su nombre? En el cristianismo y en mucho más.

Cuando era sólo un adolescente, Billy caminó por un pasillo en una reunión evangelística de Mordecai Ham e hizo un compromiso total con el Señor. Con poco más de veinte años él estaba predicando al aire libre cuando William Randolp Hearst escribió una nota enigmática a los editores de su periódico en los Ángeles. Decía: "Cubrir a Graham".

Diariamente Billy Graham estaba en los titulares. Pronto, a dondequiera que fuera era reconocido como el joven que estaba predicando a Jesucristo. Todo lo que hubiera sido antes de ese momento se había ido y él se identificó totalmente con Jesucristo.

Desde entonces, su nombre se ha vuelto un apalabra común en hogares alrededor del mundo – y en todas partes las personas lo asocian con Jesucristo. *Él perdió su vida en identificación con Jesucristo, entonces encontró una vida que de otra manera no habría conocido nunca.*

Lo mismo pasa con usted. Usted encuentra la vida al perderla.⁴ La elección es suya. La gloria es de Dios.

Actúe con valor en el aula, en la universidad, en el hogar y en el trabajo. *No espere a que su juventud se haya ido para tener las agallas o la sabiduría de hacer que su vida haga una diferencia por Dios. ¡Hágalo ahora! Esa sola decisión puede hacer que logre el éxito.*

Jim, el presidente del cuerpo de estudiantes de una secundaria apareció en el programa de televisión Club 700, el contó como las cosas en su escuela se habían tornado tan malas que decidió hacer algo al respecto.

Se presentó como candidato para presidente del cuerpo de estudiantes, luego reunió alrededor de él o otras personas totalmente comprometidas con Dios. Juntos cambiaron su escuela. *En vez de dejarse intimidar por los demás, él tomó la decisión de ser una influencia sobre ellos.*

Jim oró y trabajó por todo aquello que soñaba que ocurriera en su escuela. *A medida que se mantuvo firme, vio sus sueños convertirse en realidad.* Hoy él es conocido nacionalmente como el estudiante de una escuela secundaria que hizo una diferencia.

Steve era un joven cuya buena apariencia le abrió puertas con las que los otros muchachos sólo soñaban. Aunque él y su compañero de cuarto tenían un trasfondo en la iglesia, llevaban un estilo de vida promiscuo y bohemio.

Un día su culpabilidad les inquietó tanto que su compañero de habitación sugirió que ambos debían entregar sus vidas a Dios de nuevo. Parecía una buena idea, así que se arrodillaron juntos en el sillón de su casa e hicieron una simple oración.

El compañero de Steve volvió rápidamente a su viejo estilo de vida, pero Steve tomó la determinación de ser tan comprometido con su nueva vida como lo había sido con la vieja. A medida que Steve se esforzaba en la palabra, Dios le mostró como podía iniciar un negocio propio. Comenzó la compañía que ahora dirige. Aunque aún es joven, hoy trabaja como director del ministerio de hombres de una iglesia grande.

Chuck era un vago playero vendedor de drogas, dedicado al surf y de apariencia hippie cuando escuchó por primera vez sobre Jesucristo. Su única cualidad positiva era una cabeza natural para los negocios y la salvación parecía un buen trato. "¿Quiere decir, que todos mis pecados serán borrados totalmente y que pasaré la eternidad en el cielo?", preguntó a su ministro. "¿Y todo lo que tengo que hacer es darle mi vida a Dios?" De cualquier modo la vida no está dándome nada bueno, ¡así que trato hecho!

Era un trato tan bueno que Chuck no podía evitar hablarle a otras al respecto. En cuestión de semanas había orado con varias personas para que recibieran salvación. Hoy Chuck tiene un negocio internacional, y aunque no es un ministro profesional, ha ganado miles de personas para Cristo.

Jamal era el vicepresidente de un club de motociclistas. "Yo no estaba sólo jugando con el enemigo", dice. ¡Estaba en su equipo!" Escuchó de Jesucristo y supo que había encontrado el amor que siempre había querido.

Cuando supo que debía devolver todo lo que había robado, la única cosa que poseía legalmente era la chaqueta de mezclilla que su hermano le había dado. Devolvió todo e inclusive se entregó a la policía.

Ahora Jamal recorre las montañas en motocicleta, ministrando a hombres que están huyendo de la Ley y que están perdidos para la sociedad.

Puede que usted no sea un Billy Graham, o un Steve o un Chuck, o un Jamal, pero *usted tiene la misma capacidad dentro de usted para vencer el temor al hombre. Puede que sea ridiculizado, que se burlen de usted o lo rechacen, pero nunca es demasiado tarde para decir no: no al sexo ilícito, no a un compromiso equivocado, no al pecado.*

Decir no en el día de la boda es difícil, pero es mucho más fácil que tener un matrimonio desastroso. Decir no después de que ha llevado a alguien a creer que usted quiere tener sexo no la hará popular en la tierra, pero lo hará popular en el cielo. **¡Nunca es demasiado tarde para decir no!** No diga sí al pecado sólo porque alguien lo intimida. Honre a Dios más que al hombre.

Y si peca, ¡arrepiéntase! Ningún pecado es

demasiado grande para recibir el perdón de Dios, el suyo no es la excepción. La gracia de Dios es grande para todos. Los resultados naturales del pecado son la culpabilidad, el temor y el deseo de esconderse. No se sienta tan culpable o tan temeroso como para no acudir a Dios. No trate de esconderse de él. Vaya a Dios inmediatamente.

Satanás sólo puede arruinar su vida a través de la tentación o la acusación. Incluso si usted no sucumbe ante la tentación, él lo acusará como si lo hubiera hecho. Recháyelo. Arrepiéntase sólo por lo que realmente ha hecho, no porque lo que Satanás trata de acusarlo de haber hecho. Deje que el Espíritu Santo sea su guía, no los "dardos de fuego del maligno".[5]

Si usted encuentra que no puede tener absolutamente ninguna cita sin pecar, no salga con nadie. Por el contrario, permita que Dios se a su amigo confidente, consejero, aquel que mejor lo conoce, que *lo acepta como usted es y que lo ama perfectamente.*

Que Él sea aquel a quien usted puede acudir en cualquier momento, bajo cualquier condición. Hágase amigo de Él y crezca en una siempre creciente amistad con Él.

No desperdicie su juventud. No deje que la soledad tome su vida. Dios está allí mismo con usted. Permítale satisfacer sus deseos de traerle la compañía de personas y un cónyuge.

Si usted decide casarse, no se case sólo para tener una "cita segura" o "sexo legal". *Casarse con la persona equivocada sólo causará que la vida se haga más difícil, no más fácil. Recuerde, el éxito está basado en la capacidad de decir no, no en la capacidad de decir sí.*

Si todavía no está casado, invierta su vida en el

Reino de Dios ahora según el Espíritu Santo le dirija. Esto no lo convertirá en alguien "demasiado espiritual" como para hallar cónyuge y la ahorrará mucho dolor en el futuro.

Ya sea casado o soltero, encuentre paz y seguridad en una amistad con Dios y permita a Dios obrar en los detalles de su vida. *Mantenga su integridad ante Dios en toda área de su vida, incluyendo su sexualidad.*

El propósito de Dios para usted es que vaya de gloria en gloria y que disfrute la verdadera gloria de su boda al entrar en el matrimonio para la gloria del sexo.

¿CUÁL ES SU DECISIÓN?

Si usted nunca ha recibido a Jesucristo como su Señor y Salvador personal, ¿hay alguna razón para no hacerlo ahora mismo? Simplemente repita esta oración con sinceridad:

"Señor Jesús, creo que eres el Hijo de Dios. Creo que tú te hiciste hombre y moriste en la cruz por mis pecados, creo que Dios te levantó de los muertos y te hizo en Salvador del mundo. Confieso que soy un pecador y te pido que me perdones y me limpies de todos mis pecados. Acepto tu perdón y te recibo como mi Señor y Salvador. Oro en el nombre de Jesús. Amén."

La Biblia dice en Romanos 10:9,10.13 (NVI). "Que si confiesas con tu boca que Jesús es el Señor y crees en tu corazón que Dios lo levantó de entre los muertos, serás salvo. Porque con el corazón se cree para ser justificado pero con la boca se confiesa para ser salvo... porque todo el que invoque el nombre del Señor será salvo."

La Biblia dice también en 1 Juan 1:9 (NVI): "Si confesamos nuestros pecados, Dios, que es fiel y justo nos los perdonará y nos limpiará de toda maldad."

Ahora que ha aceptado a Jesús como su Salvador:
1. Lea su Biblia diariamente. Es alimento espiritual que lo hará un cristiano fuerte y renovará su mente para que piense correctamente.
2. Ore y hable con Dios diariamente. El desea que ambos se comuniquen y compartan su vida

mutuamente.

3. Comparta su fe con otros. Sea audaz para que otros sepan que Jesús los ama.

4. Asista regularmente a una iglesia local donde se predica a Jesús, donde usted puede servirle y donde usted puede encontrar amistad y apoyo de otros creyentes.

5. Deje que el amor de Dios en su corazón toque las vidas de otros a través de buenas obras hechas en el nombre de Jesús.

REFERENCIAS

Capítulo 1
Génesis 1:26
Génesis 2:21-23 (o Varona)
Efesios 5:31

Capítulo 2
Malaquías 2:27
Romanos 4:3
Génesis 17:5
Hebreos 9:22
Romanos 12:1

Capítulo 3
1 Corintios 6:18
Duteronomio 22:15
Deuteronomio 22:19
Deuteronomio 22:20,21
Proverbios 1:7
Mateo 11:16-19
Efesios 5:25

Capítulo 4
Santiago 4:17

Capítulo 6
Romanos 12:1
Proverbios 23:7
Proverbios 4:23

Capítulo 7
Génesis 39:7-12
Lucas 4:1-14
Santiago 1:8
Mateo 10:39
Efesios 6:16